Vente des Mercredi 26 et Jeudi 27 Mars 1873.

SALLE N° 2.

Jolie Collection

D'OBJETS DE LA PERSE

BELLES PLAQUES DE REVÊTEMENT

VASES. PLATS ET COUPES EN FAIENCE

BELLES ARMES ET ARMURES

BRONZES — CUIVRES

TAPIS & ÉTOFFES

EXPOSITION PUBLIQUE:

Le Mardi 25 Mars 1873

<table>
<tr><td>Me CHARLES PILLET,
COMMISSAIRE-PRISEUR
10, rue de la Grange-Batelière.</td><td>M. CHARLES MANNHEIM,
EXPERT.
7, rue Saint-Georges.</td></tr>
</table>

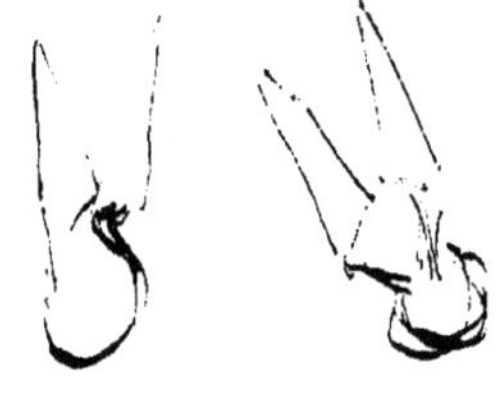

CATALOGUE

D'UNE JOLIE COLLECTION

D'OBJETS DE LA PERSE

Belles Plaques de revêtement à décor à reflets métalliques;

Vases, Plats et Coupes en faïence ;

Belles Armes et Armures ;

Bronzes d'Art; Cuivres gravés;

TAPIS & ÉTOFFES

DONT LA VENTE AURA LIEU

HOTEL DROUOT, SALLE N° 2

Les Mercredi 26 et Jeudi 27 Mars 1873

A DEUX HEURES.

Par le Ministère de M⁰ CHARLES PILLET, Commissaire-Priseur
10, rue de la Grange-Batelière;

Assisté de M. CHARLES MANNHEIM, expert, 7, rue Saint-Georges,
Chez lesquels se trouve le présent Catalogue.

EXPOSITION PUBLIQUE : *Le Mardi 25 Mars 1873.*
DE UNE HEURE A CINQ HEURES

CONDITIONS DE LA VENTE

Elle sera faite au comptant.

Les adjudicataires payeront *cinq pour cent* en sus des enchères.

L'exposition mettant le public à même de se rendre compte de l'état des objets, il ne sera admis aucune réclamation une fois l'adjudication prononcée.

Paris, — Typ. Pillet fils aîné, rue des Grands-Augustins, 5.

DÉSIGNATION DES OBJETS

FAIENCES

PLAQUES DE REVÊTEMENT

1 — Grande et belle plaque de revêtement simulant une
porte de mosquée à colonnettes et arceaux saillants, et
offrant en relief des inscriptions émaillées bleu se détachant sur un fond couvert d'arabesques à reflets métalliques mordorés. Pièce exceptionnelle et de la plus
grande rareté. — Haut., 60 cent.; larg., 40 cent.

2 — Grande plaque rectangulaire en deux parties, offrant en
relief des colonnettes et un arceau auquel est suspen-
due une lampe de mosquée. Cette plaque est entière-
ment couverte d'inscriptions et d'ornements en relief,
et le tout est émaillé bleu turquoise.— Hauteur totale,
1 m.; larg. 48 cent.

3-4 — Deux grandes et belles plaques carrées à décor à
reflets métalliques, à oiseaux et animaux et offrant en
relief des grands caractères émaillés bleu. Elles seront
vendues séparément.— Haut. et larg., 37 cent.

5-6 — Deux plaques de corniche à décor à reflets métalliques sur fond bleuté. Elles offrent des caractères en relief émaillés bleu et dans le haut des ornements saillants. Elles seront vendues séparément. — Haut., 28 cent.; larg., 26 cent.

7-8 — Deux jolies plaques longues à décor à reflets métalliques rouge rubis et mordorés, et à caractères en relief émaillés bleu. Elles seront vendues séparément.

9-10—Deux plaques rectangulaires à décor à reflets métalliques et feuillages bleus. Elles portent des caractères en relief émaillés bleu. Elles seront vendues séparément.

11-12 — Deux plaques analogues à celles qui précèdent, mais moins grandes. Elles seront vendues séparément.

13-14 — Deux plaques de revêtement à décor à reflets métalliques rouges et offrant des caractères en relief émaillés bleu. Elles seront vendues séparément.

15-16 — Deux plaques longues à décor à reflets métalliques et offrant en relief des caractères koufiques émaillés bleu. Elles seront vendues séparément.

17 — Plaque longue à décor à reflets métalliques et feuillages bleus et offrant des caractères en relief émaillés bleu.

18 — Plaque d'angle à décor à reflets métalliques mordorés et offrant en relief des caractères émaillés bleu. Pièce rare.

19-21 — Cinq jolies plaques en forme d'étoile à décor à reflets métalliques rouges et mordorés et à dessins bleus. Ce lot sera divisé.

22-23 — Deux plaques carrées à figures d'animaux et ornements gaufrés en relief et émaillés bleu turquoise. Elles seront vendues séparément.

24 — Grande plaque décorée d'arabesques et de fleurs réservées sur fond bleu et offrant en relief des caractères également réservés.

25 — Grande plaque carrée portant des caractères et des dragons en relief et émaillée bleu foncé.

26 — Plaque analogue à celle qui précède, mais plus petite.

27 — Jolie plaque longue à décor cachemire à reflets métalliques dorés rehaussés de bleu.

28 — Plaque carrée décorée d'une figure d'homme vu à mi-corps, émaillée en couleurs et se détachant sur un fond jaune d'or.

29 — Plaque carrée décorée d'une figure de guerrier persan, émaillée en couleurs sur fond blanc.

30 — Lot de fragments de belles plaques à reflets métalliques et autres.

VASES ET PLATS

31 — Petit vase à panse sphérique à côtes et à gorge évasée, décoré d'ornements à reflets métalliques bruns.

32 — Petit vase de forme surbaissée à décor à reflets métalliques rouge rubis.

33 — Vase de forme analogue à décor à reflets métalliques sur fond bleu.

34 — Vase analogue à celui qui précède.

35 — Autre très-petit vase de mêmes forme et décor

36 — Petit vase à une anse et à ouverture étroite, décoré de quelques ornements en relief et émaillé bleu uni.

37 — Flacon à panse aplatie, offrant des ornements en relief et émaillé vert uni.

38 — Vase, à panse sphérique et à pans émaillé bleu de Perse offrant des rosaces et des fleurs en relief émaillées bleu et blanc.

39 — Vase en forme de balustre décoré de fleurs sur fond vert d'eau à l'imitation du céladon de Chine. Monture en cuivre gravé.

40 — Vase en forme de bouteille, décoré d'arabesques en camaïeu sur fond bleu.

41 — Grande théière à trois anses, décorée de palmes et de fleurs en camaïeu bleu sur blanc.

42 — Vase de forme surbaissée décoré de paysages et d'ornements en camaïeu bleu.

43-44 — Quatre petits vases à panse sphérique et goulot évasé à décor en camaïeu bleu. Ce lot sera divisé.

45 — Vase forme bouteille émaillé vert d'eau avec bouchon et garniture en cuivre gravé.

46 — Bouteille analogue à celle qui précède, émaillée vert foncé.

47-50 — Quatre bouteilles à décors variés en camaïeu bleu avec goulots en cuivre gravé. L'une d'elles offre le sujet de la fable du Renard et de la Cigogne. Elles seront vendues séparément.

51-53 — Trois autres bouteilles à décor en camaïeu bleu. Elles seront vendues séparément.

54-57 — Deux bols et deux plateaux décorés d'oiseaux et de fleurs en camaïeu bleu.

58 — Petit plateau oblong et à pans, sur piédouche et offrant des ornements repercés à jour; le tout est émaillé bleu clair.

59 — Corbeille de derviche de forme allongée, décorée de dragons et d'ornements en camaïeu bleu.

60 — Flacon de forme aplatie, décoré d'une figure, d'animaux et de fleurs en camaïeu bleu.

61-62 — Deux bouteilles à décor en camaïeu bleu, à fleurs et oiseaux. Elles seront vendues séparément.

63 — Carafe de Kalian, à décor en camaïeu bleu.

64-68 — Dix plats ou plateaux à décors variés en camaïeu bleu. Ce lot sera divisé.

ARMES ET ARMURES

69 — Sabre indien à lame droite, à double tranchant, avec poignée en forme de gantelet, en fer ciselé, repercé à jour et plaqué d'argent doré. Travail très-ancien.

70 — Sabre analogue à celui qui précède, mais un peu moins grand.

71 — Sabre indien à poignée en fer ciselé, à figures d'animaux et autres, et plaqué d'argent doré.

72 — Sabre de même style que celui qui précède.

73 — Sabre indien à poignée en fer, et lame incrustée d'argent.

74 — Kathar à poignée à double branche, et traverse en
fer ciselé.

75 — Kathar analogue à celui qui précède.

76 — Kathar avec poignée à double branche et pare-main
rapporté.

77 — Poignard à large lame et poignée plaquée d'argent
doré.

78 — Hache d'armes à triple lame de diverses formes.

79 — Masse d'armes à pointes.

80 — Poignard à poignée en morse et lame contournée.

81 — Couteau droit à manche et fourreau en argent.

82 — Couteau à lame courbe avec fourreau en fer et poignée en morse.

83 — Épée à deux mains avec poignée en bois.

84 — Fusil indien à mèche avec garniture en fer damasquiné d'ornements d'or. Il est accompagné d'une note
portant une inscription dont la traduction suit : *Deux
chefs en signe de bonne amitié font échange d'armes*

85 — Fusil analogue à celui qui précède, avec garniture
en argent.

86 — Beau sabre turc à lame courbe en damas, damasquiné d'or, et poignée en corne garnie, ainsi que le fourreau, en argent doré.

87 — Yatagan, avec poignée et fourreau en argent repoussé et ciselé.

88 — Yatagan analogue avec poignée en morse.

89 — Poignard indien à lame courbe, avec poignée en jade vert gravé. Travail indien.

90 — Couteau avec poignée en jade blanc, et fourreau garni en fer à ornements dorés.

91 — Poignard persan à poignée en buffle garnie en fer doré.

92 — Petit couteau chinois à poignée en jade blanc et fourreau en émail bleu et or.

93 — Couteau à poignée en fer doré.

94 — Masse d'arme en fer damasquinée d'argent.

95 — Sabre turc à manche en corne de rhinocéros, et garniture en argent doré. Présent du pacha de Tripoli à M. Subtil.

96 — Poignard indien avec manche en morse monté en fer damasquiné, et fourreau garni d'argent niellé.

97 — Beau casque à bombe en damas ciselé, à fleurs arabesques en relief et à frise de fleurs et médaillons damasquinés d'or. Il est garni d'une maille fine et de deux porte-aigrettes.

98 — Belle rondache de même travail, enrichie de turquoises en relief.

99 — Brassard de même travail et provenant de la même armure.

100 — Casque à bombe en damas garni d'une maille et de deux porte-aigrettes. Il est couvert d'inscriptions et d'arabesques en or.

101 — Rondache de même travail et provenant de la même armure.

102 — Brassard de même travail.

103 — Corselet composé de quatre plaques de même travail.

104 — Sabre à lame à double tranchant en damas, et poignée décorée d'ornements argentés.

105 — Couteau à lame en damas incrustée d'or et poignée en morse.

106 — Kandjar à lame en damas ciselé en relief et poignée en morse.

BRONZES ET CUIVRES

107 — Joli coffret rectangulaire en cuivre incrusté d'argent, à rosaces et ornements et fermoir damasquiné d'or.

108 — Joli vase à neuf pans et sur piédouche en bronze gravé à inscriptions et ornements, et incrusté d'argent.

109 — Bassin en cuivre gravé à figures et inscriptions et conservant des incrustations d'or et d'argent.

110 — Autre bassin en cuivre gravé à figures, inscriptions et ornements.

111 — Flambeau de mosquée en cuivre gravé et surmonté de deux anses en S à têtes fantastiques repercées à jour.

112 — Théière à anse surélevée servant d'orifice, en cuivre gravé à figures et ornements.

113 — Deux petits vases à couvercle en cuivre étamé, gravé à figures et ornements.

114 — Petit vase à couvercle avec plateau à côtes, en métal incrusté d'argent.

115 — Jolie buire à panse bursaire, en métal incrusté d'argent.

116 — Plateau rond à bord à côte et festonné, en métal
richement incrusté d'argent.

117 — Deux jolies petites bouteilles en métal incrusté
d'argent, à fleurs et ornements.

118 — Bol en damas, offrant au bord une frise d'inscriptions et ornements gravés en relief.

119 — Cuiller à long manche en damas.

120 — Coupe ronde sur piédouche en cuivre gravé et
étamé.

121 — Bassin rond en bronze à ornements gravés.

122 — Petite coupe ronde sur piédouche en cuivre gravé
à figures et ornements.

123 — Plateau rond en cuivre gravé.

TAPIS ET ÉTOFFES

124 — Joli tapis de table en velours noir à fleurs arabesques et ornements brodés en soies de couleurs et en
argent.

125 — Joli petit coussin en soie rouge brodé à fleurs et
ornements en or et en argent.

126 — Coussin en étoffe de soie à palmettes sur fond lamé d'or.

127 — Petit tapis de prière en étoffe pareille, avec bordure en drap soutaché.

128 — Tapis de Recht à fleurs de couleurs sur fonds variés.

129 — Joli petit tapis en satin blanc brodé à fleurs et ornements en soie de couleur.

130 — Petit tapis de table en satin bleu clair, brodé à fleurs et ornements.

131 — Portière en toile écrue, brodée à fleurs et rosaces en soies de couleurs.

132-138 — Sept petits tapis de table de travail analogue. Ils seront vendus séparément.

139 — Petit tapis carré, brodé en soie de couleurs sur fond de coton bleu.

140 — Deux beaux morceaux de tapisserie pour coussins.

141 — Deux autres morceaux de tapisserie plus petits que ceux qui précèdent.

142 — Jolie tunique de femme en étoffe de soie à fond rouge et vert lamé d'or.

143-144 — Deux tapis du Kurdistan, à dessins variés.

145 — Beau tapis de table de forme carrée, en drap très-richement soutaché de Recht.

146 — Deux dessus de fauteuils de même travail que le tapis qui précède.

147 — Tapis de table en cachemire de Perse, à dessins rouges.

148 — Petit coussin en soie jaune et bleue, brodé à fleurs et ornements.

149 — Trois morceaux de tapisserie pour meubles.

150-151 — Deux tapis de pharaan à dessins variés.

152 — Grand et beau tapis velouté, à dessins blancs sur fond bleu et rouge.

153 — Tapis analogue à celui qui précède.

154 — Tapis de table de forme ronde, en drap soutaché de Recht.

155 — Deux grandes portières en perse imprimée.

156 — Deux portières en soie de couleur changeante rehaussées d'or. Travail de Recht.

157 — Dix-neuf mètres environ en deux coupes de velours de soie rouge.

158 — Grande couverture de lit en étoffe imprimée.

159 — Très-beau morceau d'étoffe brodée pour meuble ou coussin.

160 — Doublure de vêtement en peau d'Astrakan.

161-166 — Six petits tapis de prière à dessins variés. Ils seront vendus séparément.

167 — Grande portière en toile écrue, brodée en soies.

OBJETS VARIÉS

168 — Petit coffret de forme oblongue, en mosaïque de Bombay.

169 — Deux petites boîtes ornées de peintures.

170 — Boîte à miroir de même travail.

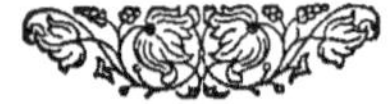